AF370109

20
Unidades

A la mémoire de M. le Baron Daclin (Éd.1888)

Louis Besson

hachette LIVRE

BnF

Conserver la [couverture]

A LA MÉMOIRE

DE

M. LE BARON DACLIN

In 27
7574

In 27
37574

Jeudi 1ᵉʳ décembre 1887, mourait à Besançon, dans un âge peu avancé, le baron Daclin. C'était pour ses amis un deuil, pour la province une perte. M. Daclin avait su se faire remarquer par sa science juridique, son impartialité et les scrupules religieux qu'il apportait dans l'étude des affaires. Homme privé, il se faisait estimer par la fermeté de ses principes et aimer pour cette aménité et cette bienveillance qui ne l'abandonnaient jamais. Les petits et les pauvres savent ce qu'ils perdent en lui ; nous savons, nous aussi, quel ami nous perdons dans cet homme de bien, à l'affection duquel répondait notre affection.

Samedi 3 décembre, ont été célébrées, à dix heures du matin, les funérailles du défunt.

Beaucoup d'amis, bien qu'habitant loin de Besançon, n'avaient pas voulu laisser fermer la tombe de cet homme de bien sans apporter à la famille éplorée leur témoignage de douloureuse sympathie. L'affluence était très considérable.

Les cordons du poêle étaient tenus par MM. d'Orival, ancien président de chambre ; Chauvin et Lombart, anciens conseillers à la cour de Besançon, et Estignard, ancien député, représentant le conseil général.

Au cimetière, M. Estignard a prononcé d'une voix émue le discours suivant :

« Permettez-moi d'adresser un dernier adieu à l'homme d'élite dont j'ai été pendant près de vingt années le collègue au conseil général, avec qui j'ai vécu comme magistrat, qui m'a honoré de son affection, qui a été pour moi l'un des meilleurs, des plus dévoués parmi mes amis.

» Le souvenir de cette affection, le souvenir de ces années heureuses, m'étreint et me serre le cœur, et c'est à peine si je pourrai retracer ici cette existence si bien remplie, et offrir un pieux hommage à celui que nous pleurons tous.

» M. le baron Daclin est digne de nos respects, et comme homme public et comme homme privé, pour la fermeté de ses convictions, comme pour la loyauté de son caractère, pour l'honnêteté, la dignité de toute sa vie.

» Il était d'une famille où les traditions d'honneur se transmettent comme le plus précieux des héritages, où l'intelligence et le sentiment du devoir se sont constamment unis pour former une chaîne des plus nobles dévouements. Premier magistrat municipal de la ville de Besançon, son grand-père s'était créé dans toute la province, par son mérite et son désintéressement, une haute situation. L'empereur avait voulu récompenser par un titre nobiliaire les services rendus au pays. Fils d'un administrateur éminent, dont s'honore la Franche-Comté, et qui, lui aussi, a laissé dans notre pays, surtout dans les montagnes du Doubs, les souvenirs les meilleurs, le baron Daclin avait puisé dans les exemples de sa famille tous les enseignements qui élèvent l'esprit, grandissent l'âme et enflamment le cœur. Aussi, dès qu'il fut appelé à des fonctions publiques, il se montra le digne descendant des hommes de talent et d'honneur, ses ancêtres, l'héritier de leurs qualités et de leurs vertus.

» Magistrat du parquet à Pontarlier, à Vesoul et à Besançon, il fit constamment preuve d'une rare sagacité, de fermeté et d'énergie ; il se signala à l'audience par son expérience des affaires. Juge au tribunal de Besançon, puis conseiller à la cour, il apporta dans ces fonctions cet esprit de sagesse, de haute impartialité, cette conscience, cette équité, qui distinguaient la vieille magistrature, toujours avide d'apprendre, joignant une remarquable finesse d'intelligence au zèle le plus ardent pour la science du droit.

» Membre du conseil général, il se fit remarquer par la rectitude de son jugement, son amour du bien public, son dévouement aux intérêts du pays, son esprit d'indépendance vis-à-vis du pouvoir. Les révolutions se succédèrent sans réussir à ébranler ses convictions. Il les manifestait hautement, sans se soucier d'une vaine popularité, sans ambition de plaire aux puissants du jour. Pendant de longues années il occupa la charge de secrétaire du conseil, montrant, dans l'exercice de ces fonctions délicates et difficiles, une compétence dont ses collègues sentaient tout le prix.

» Les populations qui l'avaient élu n'eurent qu'à se louer de sa bienveillance, de ses aptitudes, de son intelligent appui. Il n'est pas une œuvre de progrès matériel ou moral dont il n'ait pris l'initiative et poursuivi la réalisation. C'est à lui qu'est due la prospérité du comice de Bouclans. Il apportait dans la présidence de cette société agricole l'impartialité qui le distinguait sur son siège de magistrat. Il était heureux d'encourager l'agriculture, de constater chaque année les progrès accomplis. Il y a deux mois, j'ai pu apprécier moi-même, non seulement combien ses conseils étaient suivis, mais combien il était aimé et estimé même par ses adversaires politiques. Hélas ! comment supposer qu'il serait si vite enlevé à notre affection !

» Il était par nature d'une bienfaisance sans bornes.

» Sa bonté, son affabilité, son obligeance, étaient et resteront proverbiales, et sa modestie même contribuait à mettre en lumière ses rares qualités.

» Aucune douleur, aucune misère ne l'a trouvé insensible. Et avec quel empressement la demande était toujours accueillie ! Son cœur s'ouvrait à toutes les infortunes ; c'est le pauvre, l'ouvrier, l'humble cultivateur, qu'il secourait avec le plus de zèle. Dieu seul sait le nombre des bienfaits répandus, car ils étaient accomplis avec la plus discrète attention. Que ne pouvons-nous le suivre dans sa solitude chérie, dans ce domaine de Vuillorbe, théâtre de ses jeunes années, où il allait se reposer de ses préoccupations et de ses travaux. C'est là que débordait cette sympathique nature. C'est là qu'il était heureux de vivre, tantôt entouré de vieux amis, tantôt travaillant dans la retraite et le silence, soit à ses études juridiques, soit à l'amélioration du sort des populations qui l'entouraient.

» Sous tous les régimes il avait conservé son indépendance, et n'avait jamais servi que la grande cause de l'ordre. C'en était assez pour être dénoncé et frappé sur son siège de magistrat. La nouvelle de l'injustice commise produisit une véritable stupeur. Il tombait victime de son intégrité, de sa loyauté. Cette disgrâce imprévue et imméritée n'altéra en rien le caractère du magistrat ; il ne songea ni à récriminer ni à se plaindre. Ne savait-il pas que les sympathies publiques le suivraient dans sa retraite, que son honneur était intact, qu'il n'était pas diminué ? Nous dirons même que la persécution l'avait grandi.

» La fermeté avec laquelle il avait lutté contre la maladie ne l'a point abandonné en présence de la mort. Il l'a envisagée d'un œil calme et résigné, sans faiblesse, sans un mot de regret, soutenu par les immortelles espérances du chrétien. Jusqu'à la fin il a conservé la force d'âme, la sérénité que donne une foi profonde ; il était l'expression incarnée de la pensée chrétienne ; il est mort comme il avait vécu, appuyé sur cette base indestructible, qui est la foi en Dieu, croyant en Dieu comme il croyait à l'avenir glorieux et réparateur de la patrie ; il est mort laissant à tous un exemple à suivre, et à la magistrature en particulier, une mémoire à honorer, à vénérer et à chérir.

» C'est chargé de bonnes actions, entouré du respect de tous, de la tendresse de la famille la plus dévouée, qu'il nous a quittés. L'épreuve est cruelle pour cette famille désolée qui l'a entouré de ses soins, a vécu de sa vie, lui prodiguant avec la plus vive, la plus constante sollicitude, les preuves d'affectueux dévouement. La religion seule peut donner la résignation de supporter de pareils coups. Ce sont les survivants qu'il nous faut plaindre.

» Messieurs, la mort frappe les vaillants dans le cours de cette triste année. Serrons nos rangs pour combattre le bon combat. Quand disparaît un de ces hommes distingués par l'honorabilité de leur vie, imiter leurs vertus est la meilleure des louanges ; efforçons-nous de suivre notre ami, de nous inspirer de son exemple, en songeant qu'il est allé recevoir là-haut la seule récompense qu'il eût jamais ambitionnée.

» Cette tombe se referme sur un homme de cœur qui fut un homme de bien. Je ne connais pas d'éloge qui puisse valoir cet éloge, qui les comprend tous.

» Son souvenir restera toujours vivant parmi nous. »

M. Vuillecard, notaire à Bouclans, s'est avancé sur la tombe et a prononcé l'allocution suivante :

« Cher et regretté défunt,

» Je viens au nom du pays que vous avez tant aimé, en particulier au nom des habitants de Bouclans et des membres du comice, que vous présidiez et dont vous avez été l'âme depuis de longues années, je viens aussi, au nom de l'amitié, déposer sur cette tombe le tribut de notre reconnaissance et de nos éternels regrets.

» Hommage douloureux et reconnaissant pour le zèle et le dévouement sans bornes, et la parfaite équité que vous apportiez dans ces modestes mais délicates fonctions, comme dans la haute situation de magistrat à la cour d'appel de Besançon, et dans les assemblées départementales de cette même ville.

» Ah ! c'est que les nobles cœurs et les âmes élevées se montrent toujours tels dans les petites choses que dans les grandes.

» Hommage et reconnaissance pour cette amitié dans laquelle nous avions une si large part, et dont, passez-moi l'expression, nous étions les enfants gâtés.

» Aussi a-t-on pu dire de vous, chose bien rare de nos jours : il était l'ami de tout le monde et n'était l'ennemi de personne.

» Ces grandes qualités du cœur, qui vous ont inspiré pendant la vie, vous ont suivi, je le sais, jusqu'entre les bras de la mort.

» Il est des vides qu'on ne saurait combler ; il est des souvenirs qu'on ne peut effacer.

» Parents et amis, la seule chose qui puisse adoucir cette perte cruelle, c'est l'espérance de retrouver un jour, dans un monde meilleur, celui que nous pleurons aujourd'hui.

» Allez, cher ami et regretté défunt, dormir en paix le sommeil du juste, seule et digne récompense de tant de vertus civiques et chrétiennes. »

La triste cérémonie terminée, la foule des assistants s'est inclinée devant la famille, écrasée par la douleur, et chacun se retire, le cœur serré par une vive émotion.

NOTICE

SUR

M. LE BARON DACLIN

Par Mgr BESSON, évèque de nimes

La Franche-Comté vient de perdre un de ses meilleurs citoyens ; l'Eglise de Besançon, un de ses fidèles les plus dévoués. Une grande cité s'est donné rendez-vous autour du cercueil du baron Daclin, pour lui faire des obsèques dignes d'elle, dignes de lui, telles qu'il convient aux gens de bien de les suivre quand ils conduisent au champ du repos un des hommes qui ont le mieux mérité de l'estime publique. Je voudrais jeter de loin quelques fleurs sur cette tombe, en me faisant l'interprète des amis absents dont la place était marquée dans un si grand deuil.

Le baron Daclin emporte au tombeau un nom qui ne fut pas sans gloire en Franche-Comté, et un titre qui s'éteint avec lui. Son grand-père fut maire de Besançon pendant vingt ans, dans les jours de réparation qui marquèrent en France le commencement du siècle. Il rouvrit les églises, réorganisa les hospices, recommença les bibliothèques et les musées, rendit à la jeunesse ses écoles et ses maîtres. Il assista au sacre de Napoléon Ier en qualité de maire de Besançon, et fut nommé baron de l'empire. Ce titre fut rendu héréditaire dans sa famille par une ordonnance de Louis XVIII. Le baron Daclin eut pour secrétaire Ch. Weiss. Il en fit, en 1812, le bibliothécaire de la ville, et assura par là l'importance et la grandeur de cet établissement. Weiss a peint le maire de Besançon, vingt-deux ans après sa mort, d'une plume encore pleine de reconnaissance et d'émotion : « Père tendre, maître peu exigeant, ami sincère et dévoué, il était doué d'une fermeté de caractère peu commune ; mais il y joignait une bonté de cœur, une bienveillance, qui lui gagnaient l'affection de tous ceux qui l'approchaient. Il traita toujours ses employés indistinctement comme ses enfants, s'occupant d'adoucir leur sort et d'améliorer leur position avec un zèle persévérant dont ils lui savaient gré (1). Dans ce portrait de l'aïeul on peut déjà reconnaître le petit-fils.

Le maire de Besançon laissa deux enfants. Sa fille, sans prendre l'habit religieux, pratiqua toutes les vertus du cloître dans la maison de la Providence, dont elle fut une des fondatrices. Son fils, devenu sous-préfet de Pontarlier, y laissa le souvenir d'une administration paternelle que les anciens du pays vantent encore aujourd'hui. La révolution de juillet le priva de son poste, et il revint dans sa ville natale avec sa jeune famille.

Ce fut pour Besançon une acquisition précieuse.

(1) Éloge du baron Daclin, prononcé par Ch. Weiss dans la séance publique de l'Académie des sciences, belles-lettres et arts de Besançon, janvier 1844.

Trois filles et un fils composaient cette famille chrétienne, et leur mère la gouvernait avec une autorité
qui n'avait d'égale que sa tendresse. Edmond, né en
1826, apprit à cette grande école comment on sert
Dieu, comment on administre sa fortune, comment on
se rend utile à son prochain. Jamais exemples ne furent
ni mieux compris ni mieux suivis. Mais pour donner à
l'enfant une éducation plus forte, on lui apprit de
bonne heure à vivre avec l'étranger, et à faire respecter
sa foi et son innocence dans le milieu si mélangé d'un
internat. Là, les vices sont en commun, et les vertus
demeurent isolées. Redoutable épreuve, qui ne peut
être adoucie et traversée qu'au bras de la religion et de
l'amitié. Edmond Daclin en sortit victorieux. Il aimait
à nommer, parmi ses amis du premier âge, l'abbé de
Gérauvillier et le comte de Laurencin. Je les cite pour
honorer la mémoire du premier et porter au second
les souvenirs d'une amitié qui a duré cinquante ans.
Edmond Daclin contracta comme eux, sous l'uniforme
du collégien, des habitudes de piété chrétienne que rien
n'a pu ni interrompre ni altérer. Commencée au collège communal de Vesoul, son éducation s'acheva au
collège royal de Besançon. Partout il aima ses maîtres, et
le seul regret qu'il leur causa, ce fut de les quitter. Mais
il est un maître plus grand que tous les autres, c'est le
maître de la vie spirituelle, c'est le confesseur. Heureux
ceux qui ne le quittent jamais! Ce fut, pour Edmond
Daclin, une grâce fort appréciée par sa foi d'avoir gardé
jusqu'à la fin de sa vie son confesseur du collège. M. le
chanoine Galliot a eu la triste consolation de préparer

à la mort celui dont il avait formé la conscience à toutes les scrupuleuses délicatesses de l'honneur chrétien.

Après avoir subi en 1844, devant la Faculté des lettres de Besançon, un brillant examen de bachelier, Edmond Daclin alla faire à Paris ses études de droit. Ce furent trois années de bon travail et de solide vertu. Il les passa sans trouble et presque sans tentation, soutenu par un ami qu'il soutenait lui-même dans la pratique du bien. M. Roger Durand de Gevigney partageait ses goûts, ses sentiments, ses pratiques. Il entra comme lui dans la carrière de la magistrature, et devint juge d'instruction au tribunal de Dole. Emporté à la fleur de l'âge, il laissa du moins un fils pour continuer son nom et former à son tour une famille chrétienne.

Le jeune baron Daclin avait toutes les qualités qui peuvent assurer le bonheur d'une femme et la bonne éducation des enfants. Il recula devant cette responsabilité et demeura célibataire. Après la mort de ses parents, ses sœurs suffirent à ses affections. On se l'explique quand on les a vues autour de lui, attentives, dévouées, oublieuses d'elles-mêmes, heureuses de servir leur frère, qui leur rendait, par sa confiance et par sa tendresse, tout ce qu'elles faisaient pour lui. « Ne suis-je pas heureux ? » disait-il à ceux qui le pressaient de se marier. Ajoutons qu'un tel célibat est bien utile au monde, quand on ne garde sa liberté que pour l'employer en bonnes œuvres, et qu'on donne à ses semblables son temps, son influence, sa fortune, avec une

libéralité dont l'égoïsme s'étonne, mais dont la foi chrétienne connaît tout le bonheur.

Ce fut la destinée de notre ami, et chacune des éta-
pes de sa carrière fut marquée de ce caractère particulier qui le distingua entre tous les autres. Avocat à
Besançon, juge suppléant à Baume en 1851, substitut
à Pontarlier et à Vesoul, partout il passa en faisant le
bien et en partageant son temps entre les devoirs de sa
charge, le soulagement des pauvres et les plaisirs de la
famille et de l'amitié. Son ambition était de se fixer au
milieu des siens et des souvenirs de ses ancêtres. Ses chefs
mirent le comble à ses vœux en l'appelant comme substitut au tribunal de Besançon. Il quitta le parquet pour
les fonctions de juge, et fut nommé conseiller à la cour
d'appel en 1875, après vingt-quatre ans de service dans
la magistrature.

Déjà le baron Daclin en comptait presque autant dans
les conseils du département. Le canton de Roulans
l'avait choisi pour le représenter, et ce choix était de
ceux qui honorent ceux qui le font, bien plus que celui
qui en est le légitime objet. Personne n'a mieux compris, personne n'a mieux rempli que le baron Daclin un
tel mandat.

Il obligeait tout le monde, sans distinction d'opinion,
sans se hausser pour paraître grand, comme dit Bossuet,
sans s'abaisser pour paraître civil et obligeant. Le sou-
rire avec lequel il accueillait ceux qui lui demandaient
quelque service était l'expression bien sincère de ses
sentiments.

Jamais visage ne refléta plus doucement les sentiments

d'une belle âme. La position sociale du baron Daclin s'élevait ainsi aux yeux de ses semblables, et le portait peu à peu au premier rang. Le conseil général du Doubs en fit un de ses secrétaires : on savait qu'il sacrifierait au besoin le repos de ses nuits pour être prêt sur toutes les questions et se tenir à la hauteur de tous les devoirs. En d'autres temps on l'aurait décoré, et cette distinction eût été applaudie par toute la province. Il serait devenu, en d'autres temps, président de chambre à la cour de Besançon, et le suffrage de ses pairs l'aurait porté à ce fauteuil. Mais quand il était mûr pour recevoir ces honneurs, les jours de la justice étaient passés.

Il lui fallut quitter presque en même temps et la cour et le conseil général. Un pays qui se prive de tels services, dans l'ordre judiciaire comme dans l'ordre administratif, est un pays aveuglé par les passions, qui ne supporte plus ni les vraies lumières ni la vraie vertu. Le baron Daclin était clérical, tout était dit. En d'autres termes, les hommes du jour s'ennuyèrent de l'entendre appeler le juste. Ce fut là tout son crime. Encore les électeurs du canton de Roulans cherchèrent-ils quelque excuse pour diminuer leur ingratitude. Ils firent semblant de croire que leur fidèle mandataire ne recherchait plus leurs suffrages ; ils affectaient de le dire, et la modestie dans laquelle il s'était enfermé parut l'explication plausible de son premier échec à ceux qui n'avaient pas osé le combattre ouvertement.

Tel fut l'homme public, consciencieux, sans parti pris, indépendant et modéré tout à la fois, vrai Comtois en un mot, mais Comtois de la vieille roche et de l'ancienne marque, un peu entêté comme il convient de l'être à un Bisontin, mais entêté à croire à la religion, à pratiquer la vertu et à remplir tous ses devoirs.

La double disgrâce du baron Daclin n'altéra en rien son noble caractère. Il ne s'aigrit ni ne s'emporta contre personne, et continua à s'occuper du bien public avec autant d'ardeur qu'il en avait mis à remplir toutes ses fonctions.

A la ville et à la campagne, on le trouva le même. Il était depuis quarante ans membre de la société de Saint-Vincent de Paul, assidu aux séances, exact à visiter les pauvres, jaloux de défendre leurs intérêts, ajoutant ses propres aumônes aux aumônes de la Société et de tous les bons chrétiens qui forment les conférences de Besançon, le seul peut-être qui n'ait pas manqué à une seule séance, qui n'ait pas omis une seule fois la visite hebdomadaire. On devine assez comme il aima les écoles libres, comme il défendit l'Eglise par son vote, par sa parole, par son influence. Les habitants de la campagne le prenaient volontiers pour arbitre de leurs querelles et pour juge de leurs intérêts. Il les traitait, malgré la supériorité de son éducation, avec la déférence qu'on doit aux pauvres et aux petits, ménageant leur amour-propre, insinuant ses conseils plutôt qu'il ne les imposait, payant partout de sa personne et de sa bourse.

Le riche patrimoine qu'il avait reçu de sa famille ne s'accrut pas d'un denier. Il le dépensa largement chaque année, et il plaça plus haut que la terre toutes ses économies.

La part qu'il faisait aux pauvres dépassait beaucoup le dixième de ses revenus. Jamais un ami en détresse ne recourut en vain à son obligeance. Il alla plus loin, et il devinait ce qu'on n'osait lui dire. C'était la réalité vivante de cette amitié, chantée par la Fontaine, telle qu'on l'entendait autrefois :

> Qu'un ami véritable est une douce chose !
> Il cherche vos besoins au fond de votre cœur,
> Il vous épargne la pudeur
> De les lui découvrir vous-même.

Qui ne fut pas l'ami du baron Daclin et à qui ne fit-il pas les honneurs de sa maison des champs ? L'hospitalité de Vuillorbe était proverbiale dans toute la contrée. Ce vieux prieuré, dont le dernier titulaire fut l'abbé Talbert, s'était rajeuni par les soins de la noble famille qui en était devenue propriétaire après la révolution. Trois générations l'avaient embelli et en avaient fait un asile charmant. Les bois qui le cachent à demi, la source qui l'arrose, les sapins mêlés aux ormeaux dont cette source est couverte, les grandes allées qui conduisent au village, sous une voûte où le soleil se glisse entre les branches des arbres, tout ce paysage ajoutait encore à la douceur tranquille de cette maison hospitalière, toujours pleine de vrais amis ou de clients reconnaissants.

Il y manquait une chapelle : ce fut le dernier baron Daclin qui la bâtit. Là, sa dévotion l'amenait chaque soir pour y présider la prière, entouré de ses domestiques et de ses fermiers. Là venaient, dans la saison d'automne, les évêques et les prêtres qui s'honoraient d'être ses amis, offrir le saint sacrifice de la messe et laisser, avec le souvenir de leurs sympathies, celui de leur piété et de leurs bénédictions. Pourquoi n'avons-nous pas joui plus longtemps d'un commerce si doux et d'une amitié si commode ?

Dieu nous en disputa les derniers jours. Il envoya au baron Daclin de cruelles souffrances, et les quinze derniers mois de sa vie ne firent que trop présager sa fin prochaine. Il voulut encore, dans les premiers jours de l'automne, recevoir ses intimes à Vuillorbe, aller voir à Moncey une sœur et une nièce bien-aimées, assister à la distribution des prix du collège de Saint-François-Xavier de Besançon, dont il était le bienfaiteur et l'ami. Le comice agricole de Bouclans se tint encore sous sa présidence, et sa voix s'y ranima pour donner aux laboureurs de la contrée les conseils de sa longue expérience. On le voyait dépérir ; mais si son visage inspirait quelque crainte, sa parole la calmait, et on voulait espérer quand même une guérison que les médecins les plus dévoués n'osaient pas attendre. Ainsi s'épuisa goutte à goutte, comme un vase brisé par la douleur, l'existence de cet homme de bien. Il mourut avec ce je ne sais quoi d'achevé que la souffrance ajoute encore à la piété. Sa vie privée fut un charme ; sa vie publique fut un exemple. L'une et l'autre seront toujours pour sa famille, pour ses amis, pour sa ville natale, le sujet d'un cher entretien, plein d'espérance et de consolation.

Quand des jours meilleurs luiront sur la France chrétienne, on se souviendra de lui pour dire combien il avait été à la peine et combien il aurait mérité d'être à l'honneur. Mais les réparations d'ici-bas sont toujours tardives et toujours incomplètes, car les prières des hommes montent d'un pied boiteux sur les pas de l'injure, et Dieu les devance souvent, en appelant à lui les âmes d'élite. Après une si belle vie, purifiée jusque dans les moindres souillures par une si belle mort, le baron Daclin, nous n'en doutons pas, a déjà reçu sa récompense.

✝ LOUIS,

Evêque de Nimes.

Nimes, 3 décembre.

BESANÇON. — IMPRIMERIE DE PAUL JACQUIN.

www.ingramcontent.com/pod-product-compliance
Lightning Source LLC
LaVergne TN
LVHW020646180726
843502LV00006B/2281